A Monsieur AMBROISE THOMAS

Membre de l'Institut, Directeur du Conservatoire National de Musique

Grand Officier de la Legion d'Honneur

SOLFÈGE MANUSCRIT

à

Changements de Clés

PAR

HEDWIGE GENNARO CHRÉTIEN

Op: 58

Ouvrage à l'usage des Classes du Conservatoire de Paris

PRIX 10.F

Paris chez G. LEGOUIX, Editeur, 4. Rue Rougemont

Anc.ne Maison O. LEGOUIX 27, B.d Poissonnière

1890

Table Thématique —.

1
Allegro Moderato
Leggiero
p
Allegro Moderato
f
p
Con grazia
p
Cresc
Cresc
Cresc
f
pp

dim
molto rall...
Ben cantare
mf
p
Con Anima
rit
Tempo
f
rit
Tempo
f

f

f

rit. Tempo

poco a poco cresc. e accelerando

f rit. 1° Tempo

p

Cresc:
a piacere
dolce
Allargando
a tempo
dolce
dim. e rall
rall

2
Allegro agitato
Allegro Agitato
fp
mf
mf
Cresc:
Cresc
f
f
p
p
dolce
p
sf

fp
ben cantando
fp
Cresc.
Animato
Cresc
Animato
f
a piacere

Tempo
rit....
Tempo
dimin:
rit
Andante con Grazia
Andante con Grazia
rit..
rit..
Tempo
Tempo
Espressivo
espressivo

dolce
cresc:
cresc
dim
rit
f
rit
1° Tempo
sostenuto

Cresc: . . . . . .
Cresc:
. . . . . molto
molto
rit. . .
espressivo e dim.
1º Tempo
1º Tempo
rit.
Più Vivo
Più Vivo
2 Péd.

a piacere
Molto rall.
pp
Molto rall.
a piacere
pp
Allegro Vivace
3
f
Allegro Vivace
sf
sf
sf
sf
p
Risoluto
fp
Risoluto
f
p

mf
fp
Cresc:
6
p Teneramente
Cresc . . . . . . e . . . . . .
Cresc: . . . . . e . . . . . .
. . . animato
. . . Animato

rit....
1º Tempo
f
p
rit....
1º Tempo
sf
sf
Andantino espressivo
Andantino espressivo
p

rit.
p Più Mosso
rit.
p Più Mosso
mf
f
mf
f

dim e rit
Tempo 1°
mf
Tempo 1°
p
Cresc.
f
f

una corda
sf
8va
sf
p
sf
pp
p
rit
f
4
Alleg.tto con Moto
f
Allegretto con Moto
sf p
sf p

mf
rit:
Marcato
rit.
mf
fp
fp

Tempo
rit
Tempo
rin
cresc.
Cresc
Con dolore
f
p
a piacere
Andantino Cantabile
p
p

Cresc.
Cresc
dolce
dolce
poco a poco Cresc.
p
poco a
poco
Cresc.
m.g.
p
rit.
Più Animato
rit.
Più p Animato

dolce
dolse
Cresc
Cresc
dim
dim
p
p
pp

5
Fugue.
Moderato
mf
Moderato
mf
mf
mf

mf

mf

p

poco a poco cresc.

p

cresc

rit
rit
f
mf
mf

mf
mf
mf
mf
Cresc:
f
f

rit
Tempo
rit
Tempo
poco a poco dim
mf
f

allargdo
allargdo
Andante Cantabile
6
Andante Cantabile
p
dolce
dim
p
cresc.

p
Animato
slargando
mf
1° Tempo
1° Tempo
p

Con anima
rit
dolce
sostenuto
f
Agitato
cresc
f
p

Cresc

rit

rit

p

Tranquillo

p

poco a poco

rit Tempo

dim……………

rit Tempo

dim…

rin

rin

Mesto

p

Con anima...

Con anima

cresc

cresc

p

p

rin

rin

p

dim

p

1º Tempo

p

1º Tempo

p

Cresc

cresc

f

Agitato e Cresc.

Agitato e Cresc.

Più Lento
rit
Più Lento
rit
dim ... e ... rit
p
smorzando
p
smorzando ... e ... rit

7

Andantino

mf

p

8va

Andantino

mf

p

Allegro non troppo

p

rit.

Allegro non troppo

p

Cresc.
Cresc.
f
f
p
p
animato
animato
rit.
Tempo
mf
rit.
Tempo
mf

Più Mosso
p
Più Mosso
p
Teneramente
p
cresc
dim
Con grazia
rit
p
Con grazia
rit
p
cresc

Animato
Animato
rit
Meno Mosso
Meno Mosso
rit

p
rit. .... Tempo
rit.
p Tempo
dolce
dim. e rit. ..... pp
8
Allegretto con spirito
p
Allegretto con spirito
pp
p
con eleganza
cresc.
p
p

Dolce
Dolce
poco a poco Cresc.
rin
Tranquillo
dim.
p Tranquillo
rin

Cresc
f
f
rit
rit
Tempo
mf
Tempo
mf
p
p
Cresc

giocoso

p

giocoso

p

rit

dim

rit

1° Tempo

1° Tempo

p

cresc.

cresc.

mf

mf

f

p

f

p

Animato e Cresc
Animato e Cresc.
m.g.
Calmato
p
Calmato
p
f
ppp
f
ppp
Più Vivo
f
Più Vivo
Leggiero
p
p
poco a poco rit. e dim
poco rit.
pp

9

Cresc
dim
p
Con dolore
mf
Con dolore
Ped

f
f
f
f
f
f
Agitato
Agitato
Cresc
dim
mf
mf
Cresc
Cresc

f
Animato
Animato
più Cresc.
più Cresc.
Molto rit.
Molto rit.
1º Tempo
mf
1º Tempo
p
Legato
p

cresc

cresc

f

f

dim

p

p

p

p

mf

allarg^do

allarg^do

10

cresc:
cresc:
p
misterioso
a piacere
p
Allegretto
mf
cresc:
Molto vivace
f
Allegretto
mf
cresc
Molto Vivace
f
rit
rit
Allegretto
mf
Molto vivace
p
Allegretto
mf
Molto vivace
p

Andantino non troppo

rit.

Andantino non troppo

rit.

pp

p

espressivo

p

mf

p

mf

Tempo di Marcia

rit

mf

Tempo di Marcia

rit

tr

tr

Andantino

dolce

Marcia
Molto rit
mf
3
3
cresc
Marcia
molto
rit
tr
tr
Andantino
rit
dolce
Andantino
ben cantando
mf
rit
mf

Marcia
Andantino
rin.
Marcia
Andantino
rin....
fp
tr
tr
Marcia
tr
tr
f
p
p
poco a poco cresc

f
sf
sf
f
sf
sf
sf
fp
sf
poco a poco dim......
fp
p
p
rit
pp
11
Andante con espressivo
p
Andante con espressivo
una corda
rit
pp

Con anima
più lento
più lento
rall.
rall.
Più animato
Più animato

Cresc:
Animato
Cresc
Animato
p
p
Calmato
Cresc
Cresc
Molto animato
mf
Molto animato
mf
sf

rit.
1º Tempo
rit.
1º Tempo
p
Cresc.
Cresc.
a piacere
f
f
p
dolce
p

Allarg^do
Smorzando
Smorzando
Allargando
p
pp
pp
12
Allegro non troppo
Allegro non troppo
f
f
mf
f

sf
rit...
Tempo
ff
rit
Tempo
sf
sf
sf
sf
m.d.
m.g.
p
Con délicatezza
mf

rin
Tempo
pp
Cresc.
pp
Cresc
rin
Tempo
Cresc
fp
fp
f
p
pp
p
rin
Andante con moto
p
rin
Andante con moto
p
Ped.

Cresc.
p
cresc
Cresc
sf
f
sf
p
p
Ped.
Cresc
cr

mf
mf
Cresc
Cresc
f
stringendo
Cresc
stringendo
Molto ..... Cresc ___ cen ___ do ___
Allegro con fuoco
ff Allegro con fuoco
ff

Andante Cantabile
Andante Cantabile
m.d.
p
m.d.
3
3
rin
rin

sf
m.g.
sf
Cresc
Cresc
rit
Più Lento
p
rit
Più Lento
pp
p
13
Allegretto sostenuto
Mesto
p
Allegretto sostenuto
mf
mf
p

cresc
cresc
mf
rit
rit
p
p
p

Meno Mosso
mf
rit......
Meno Mosso
f
rit......
sostenuto
f
mf

Poco ... a ... poco ... cresc ...
rit
1º Tempo
Dolce
pp
1º Tempo
mf
Ped.
Cresc:
Cresc:
f
p
Più lento
p

dim.
mf
mf
dim
sf
con espressivo
f
sonore
Allargando
ff
Allargando

14 Canon.

Andante sostenuto
mf
Andante sostenuto
mf

1º Tempo
1º Tempo

15
Andante con moto
p
Andante con moto
pp
p
molto rit
pp
molto rit
Più animato
sf
sf
cresc
cresc
rit
Tempo
Tempo
rit
sf
sf

f
f
Animato
cresc.
p
animato
e
cresc
subito p
p
rit
Tempo
rit
Tempo
p
sf
sf
sf
rit
Tempo
mf
rit
Tempo
mf

Cresc
Cresc
p calmato
p Calmato
rit
Tempo
rit
Tempo
3

Cresc
f
dim.
a piacere
Cresc
f
dim.
a piacere
1° Tempo
fp
1° Tempo
rit.
Tempo
rit.
Tempo
Cresc.
Cresc

Calmato
Calmato
Allargando
Molto .... rall ......
Allargando
Molto
rall
16
Allegro Vivace
Allegro Vivace

dolce
Suivez

rit.
Tempo
p
Tempo
f
rit.
Meno Mosso
Meno Mosso

f
dim
Cresc:
Animato
f
Animato
f
f

17

Leçon composée en prenant pour Basse l'Ouverture & l'Idylle Écossaise de Henry VIII .. (1)
(Saint-Saëns)

(1) Avec l'autorisation de MM. Durand & Schœnewerk - Éditeurs.

p
pp
dolce
ff
ff

Allegretto
ff
ff
Allegretto
C. D. Idylle Ecossaise
f
Ped.
long
f
long
f
C. D.

C. D.
C. D.

c. D
p
rin
rin
Allegretto Sciolto
18
Allegretto Sciolto
p
cresc
Cresc

pp
pp
Leggiero
pp
pp
Calmato
Calmato
pp
poco a poco cresc:
poco . . . a . poco . . cresc: . . .

sf
sf
Animato
p
Animato
p
Cresc:
Cresc:
dolce

sf
Con dolore
rit
mf
Tempo
p
Tempo
rit
mf
Cresc

dim
sf
dim
cresc:
cresc:
Animato
Molto rit
1° Tempo
f
p
Molto rit
1° Tempo
p

Leggiero
poco a poco Cresc:
p
poco a poco Cresc:
f
Meno Mosso
p
p
Meno Mosso
p
p

p
sf
p
a piacere
smorzando
p
sf
Smorzando
sf
Moderato
Même Mouvt
p
Moderato
19

Même Mouvt.
mf
mf
poco a
poco a
poco Cresc
poco Cresc
dolce
dolce

Agitato
p
Agitato
f
f

Stentato.
Stentato.
rin
1° Tempo
p
1° Tempo
dim
rin
sf

p
sf
f
rin
rin
Più lento
p
Più lento

sf
Tranquillo
p
Tranquillo
p
cresc . . . e . . . rit . . .
Tempo
p
Tempo
p

sf
p
mf
rit
Tempo
p
mf
rit
Tempo
p
Animato e cresc.

Molto ritard.
1er Tempo
p
Molto rit.
pp
1er Tempo pp
sf
Rhythmé
p
p
sf

cresc.
cresc
Animato
p
cresc.
Animato
p
cresc
rit.
Calmeto
rit.
Calmeto
p
p
mf
sf
mf
cresc

Allargando
pp
p
sf
Allargando
sf
sf
sf
pp
Ped.
Allo con brio
20
mf
allegro con brio
fp
Cresc.
Giocoso
f
p
f p

f
p
p
poco a poco
poco a poco
Cresc:
Cresc:

mf
mf
poco a poco Cresc:
poco a poco Cresc:
fp
fp
p

Cresc.
sf
sf
sf
sf
poco a
poco dim.
Animato
f p Animato
f p
Cresc.
Cresc.
f
f

a piacere
Andantino sostenuto
Andantino sostenuto
una corda
Ped.

Con espressivo
mf
sf
f
p
Ped.
pp
sostenuto
sf
Ped
Con anima

dim... e... rit...
Allegro con brio
pp
p
dim... e... rit...
Allegro con brio
pp
p
mf
Andante sostenuto
mf
Allegro
Allegro
Cresc
Cresc

Molto rit
più cresc:
Molto rit
più cresc
Andantino
p
p
Andantino
Allegro più Mosso
p
Allegro più Mosso
p
fp
fp
cresc
cresc

Cresc:
fp
Cresc:
fp
poco a poco cresc:
poco a poco cresc
f
f
Ped
ff
p
ff
p
Presto
f
Presto
sf
f

poco a poco cresc:
sf
sf
f
stringendo
stringendo
Prestissimo
ff
Prestissimo
ff

Adagio Religioso

21

p
dim.
mf
mf
3
3

dolce
dolce

3
3
p
3

mf
mf

Allargando
Allargando
Allegro
Allegro
22
Canon
à trois parties.

p
p

mf
mf
mf

rin.
rin.
23
Allegro vivo.
Allegro vivo
dim. e rin.
Allegretto Capricioso
Allegretto Capricioso

rit
rit
Tempo
Tempo
p
Gioscoso
Gioscoso
p

fp
fp
fp
fp
p
p
poco a poco cresc
poco a poco cresc
rit.
Tempo
p
rit.
Tempo
p

Animato . . . . e . . . . . cresc.
Animato . . . . e . . . . . . cresc.
f
p
sf
f

Energico
mf
Energico
mf
f
f
p
p
f
f
mf
mf

mf
mf
cresc
cresc
f
p
p
Quasi Recitativo
f
f

rin
suivez
Tempo
Tempo
rin
Vivo
rin
rin
rin
Più Lento
1° Tempo
1° Tempo

p
rit.
più lento
molto rit.
1º Tempo
f
1º T.º
Accelerando
rit.
ppp

Allegretto ben Marcato
24
Fugue
f
mf
f
mf
f
mf

f
mf

mf
mf
Cresc
Cresc
rit ...
Stretto
rit
Stretto
f

sf
Du jeu augmenté
f
mf
mf
mf

poco a poco Cresc.
p
poco a poco Cresc.
p
più Cresc.
più Cresc.

poco a poco dim:
poco a poco dim:
rin
rin
Largo
Largo

25
Allegro con brio
Allegro con brio
mf
mf
rit
rit
a piacere
p
Allegro Moderato
Allegro Moderato
cresc
cresc
Allegro agitato
Allegro agitato
f
f Marcato
cresc

più cresc.
più cresc.
Molto rit.
molto rit.
Andante con Grazia
Andante con Grazia
allargando
Allargando
Allegro Vivace
Allegro Vivace

Allegretto con Moto
f
Allegretto con Moto
sf
sf
mf
mf
sf
cresc.
allarg do
p
Andantino Cantabile
Andantino Cantabile
pp
Suivez

Moderato
mf
Moderato
pp
pp
mf
Con espressivo
rit.
Andte Cantabile
dolce
mf
rit.
Andte Cantabile
dolce
dim.....
Ped.

Animato
p
mf
cresc
Animato
p
All°
allegro
Andantino
mf
p
Andantino
mf
p
Animato
rit
Animato
rit
pp
pp
pp
pf

Allegretto con Spirito

p

pp Allegretto con spirito

dim.

con eleganza

poco ... rit ...

dim ... e ... rit.

Andante sostenuto

pp

Andante sostenuto

ppp

mf

Allegro non troppo

f

Allegro non troppo

ff

f

Con fuoco

ff

Andante con espressione
Cresc.....
Andante con espressione
Con anima
Più lento
Più lento
Adagio Religioso
Adagio Religioso
Tempo di marcia
Allegro deciso
Allegro deciso

Cresc:
f
Andante con Moto
rin. . . . .
dim.
Andante con moto
p
rin. . .
p
Allegro vivace
mf
mf
Cresc
Cresc

Allegretto Capricioso
Allegretto Capricioso
Allegretto sost.to
p. Mesto
rin
Allegretto sostenuto
rin
Maestoso
Maestoso
m.g.
m.g.

a piacere
suivez
rit
mf
rit
p
stretto
f
Allegretto ben marcato
f
Allegretto ben marcato
f
f
rit
Moderato
Moderato
rit
p
legato

cresc

f

molto rin.

cresc

f

p

molto rin.

Allegro

f

Allegro

f

f

Più lento

p

Più lento

p

p

rin...

Allegretto sciolto

p

Allegretto sciolto

p

cresc
cresc
rin:....
f
rin:
f
Allegro con brio
f
Allegro con brio
fp
p
cresc:
sf
f

rin...
Andantino sostenuto
p
Andantino sostenuto
dim:
p
mf
Allegro con fuoco
poco a
mf
Allegro con fuoco
fp
poco a
pp
poco cres ... cen ... do e accelerando
poco cres ...... cen ..... do e accelerando
più cresc:
Più Vivo
f
p
Più Vivo
più
cresc.
f
p

tr
f
ff
Allargando
Allargando
ff
Copié par Georges Lévy

www.ingramcontent.com/pod-product-compliance
Ingram Content Group UK Ltd.
Pitfield, Milton Keynes, MK11 3LW, UK
UKHW022110260726
13993UKWH00001B/418